AF399815

Sur le cœur

Ｄｅ ｌａ ｍêｍｅ ａｕｔｒｉｃｅ

Plus grand que moi, Les Solitaires Intempestifs, 2018
Must Go On (nouvelle version), Lansman Éditeur, 2016
À l'ouest, Actes Sud-Papiers, 2012
Pling, éd. du Bonhomme Vert, 2007
Must Go On, Lansman Éditeur, 2006
Alex Legrand, L'Harmattan, 2006

Ｅｎ ｒｅｃｕｅｉｌ :

Les Émotif·ve·s ou la danse du bleu in *Troisième regard, saison 2*,
    Éditions Théâtrales, 2020
Pour ainsi dire in *Confessions, divans et examens*,
    Les Solitaires Intempestifs, 2017
Les Descendants in *La Famille*, L'Avant-Scène Théâtre,
    « Les Petites Formes de la Comédie-Française », 2007
TAKA in *La Baignoire et les deux chaises*,
    L'Amandier, 2005
Pitié pour les lapins in *Fragments d'humanités*,
    Lansman Éditeur, 2004
L'Antipape in *Les Contes de la Chartreuse* (nouvelle),
    Monum / éd. du Patrimoine, 2003

Ａｕｔｒｅｓ :

Nue sous la peau (fiction),
    in *Nazanin Pouyandeh, Nue sous la peau* (catalogue d'exposition),
    Fondation pour l'art contemporain Claudine et Jean-Marc Salomon, 2022
Écrire le réel (essais), collectif, Éditions Théâtrales, 2020
Écrire pour le théâtre (entretiens), collectif,
    éd. Joca Seria, « Les Carnets du Grand T », n° 16, 2010
Liberté – Art et politique (revue), « Dialogues »,
    dir. Nathalie Fillion et Marc André Brouillette, n° 264, mai 2004

Ｅｎ ｊｅｕｎｅｓｓｅ (ｎｏｎ ｔｈéâｔｒｅ) :

Garou a peur du loup, Fleurus, 2006
Schuman, le canard mélomane, Fleurus, 2005
10 histoires d'animaux, Fleurus, 2002

Sur le cœur

Fantasmagorie du siècle 21

Nathalie Fillion

QUATRIÈME MUR

3, rue de Marivaux
75002 Paris

ISBN : 978-2-487668-01-0

« Le silence est notre langue maternelle. »

SAMUEL BECKETT

« Un édifice basé sur des siècles d'histoire ne se détruit pas avec quelques kilos
d'explosifs. »

PIOTR ALEKSEÏEVITCH KROPOTKINE

CRÉATION

La pièce a été créée le 19 janvier 2024
au Théâtre de l'Usine de Saint-Céré (46)
Scène conventionnée Art et Territoire – Art et création

Mise en scène par Nathalie Fillion

Avec

Marieva Jaime-Cortez (Iris)

Rafaela Jirkovsky (Marguerite)

Manon Kneusé (professeure Rose Spillerman)

Damien Sobieraff (l'acteur qui joue tous les rôles d'hommes
dont : l'Ex, Mario l'assistant, chef de la chorale de l'hôpital,
Rémi l'orthophoniste)

Nathalie Fillion (l'autrice ou son avatar, une femme inquiète
assise dans la salle)

Scénographie, costumes : Charlotte Villermet
Chorégraphie : Jean-Marc Hoolbecq
Création lumière : Denis Desanglois
Création sonore : Estelle Lembert
Création vidéo : Dimitri Klockenbring
Assistante à la mise en scène : Mélissa Irma
Enregistrement guitare : Hervé Legeay / Harpe : Laurence Bancaud
Administration, production, diffusion : Karinne Méraud-Avril

Remerciements à Éric Berger, Jean Balladur, Charlie Nelson et Romain Tiriakian.
Citations musicales : Stefano Landi, Christophe, Velvet Underground, The B-52's, Nathalie Fillion.

Production : Cie Théâtre du Baldaquin soutenue par le ministère de la Culture – DRAC Ile de France. Coproductions : Théâtre de l'Union – C.D.N du Limousin / Le Carré – Scène Nationale de Château-Gontier / ScénOgraph – Théâtre de l'Usine de Saint-Céré – Scène conventionnée d'intérêt national – Arte et Création – Art en Territoire / Communauté d'agglomération Mont Saint-Michel Normandie.
Avec le soutien de La Chartreuse – Centre National des Écritures du Spectacle, de la DRAC Occitanie, de la Communauté de Communes de la Vallée du Lot et du Vignoble et de l'Espace Sorano – Vincennes.
Remerciements à Théâtre Ouvert Paris.

DISTRIBUTION

Rose Spillerman, neuropsychiatre

Iris, patiente

Marguerite, sœur d'Iris

L'acteur qui joue tous les rôles d'hommes dont : l'Ex, Mario l'assistant, le chef de la chorale de l'hôpital, Rémi l'orthophoniste

L'autrice ou son avatar, une femme inquiète assise dans la salle

L'action se passe à Paris, en 2027, à l'hôpital de la Pitié-Salpêtrière, dans un petit pavillon fraîchement rénové, entre l'amphithéâtre Charcot et la médiathèque.

Précision temporelle pour les mises en scène futures : la fable de *Sur le cœur* repose sur une légère anticipation et l'idée d'un futur proche ; ainsi la pièce créée en 2024 place l'action en 2027. Pour des nécessités fictionnelles, et afin de préserver le pacte imaginaire avec les spectateur·ice·s, ce léger décalage sera à préserver et adapter au fil du temps, soit l'année des représentations + 3.

PROLOGUE

Dans le noir. Voix de femmes.

Voix 1 — Où sommes-nous ?

Voix 2 — Au ciel.

Voix 1 — Je suis morte, alors ?

Voix 2 — Les poètes ne meurent jamais.

Voix 1 — Ah oui. J'ai de la chance, alors… J'ai de la chance ?

Musique : Passacaglia della vita *de Stefano Landi.*

Chanté :
>*Oh come t'inganni*
>*Se pensi che gl'anni*
>*Non hann' da finire*
>*Bisogna morire*
>*Bisogna morire*
>*Bisogna morire*

1. HÔPITAL

Cabinet de consultation de la professeure Rose Spillerman.

Marguerite et Iris sont assises face à Rose. Iris porte des lunettes noires.

Rose — Donc pas un mot ?

Marguerite — Rien. Depuis six mois, rien.

Rose — Et aucun événement traumatique repéré ? Deuil, séparation ?

Marguerite — Non.

Rose — Un homme dans le coup ? Agression, harcèlement, inceste, emprise ? Une femme, éventuellement ?

Marguerite — Non. Iris n'a eu affaire qu'à des hommes inoffensifs.

Rose — Inoffensifs, c'est-à-dire ?

Marguerite — Qui ne font pas de mal.

Rose — Un peu de bien, quand même ?

Marguerite — Éventuellement, oui.

Rose — Des choses dont elle ne vous aurait pas parlé ?

Marguerite — On se dit tout.

Rose — Personne ne dit jamais tout. À personne. Ni même à soi-même. Et avant de se taire ?

Marguerite — Avant de se taire, elle est partie randonner avec une amie, elles ont fait du canoë, visité des grottes. Son amie est rentrée plus tôt, Iris a continué seule. Elle est rentrée tout excitée, avec des ampoules aux pieds, en me disant je te raconterai, puis elle s'est tue. C'était il y a six mois. *(Iris chantonne un air.)* Parfois elle chantonne, sans mots. *(Elle reprend l'air que chantonne Iris.)* On communique comme ça. Parfois elle danse aussi. On danse parfois.

Elles esquissent quelques mouvements de danse synchronisée en restant assises sur leur chaise.

Iris — Ssssa.

Marguerite — Parfois elle prononce un son comme ça. Et quand elle croise un homme, elle tend sa main comme ça. *(Marguerite tend sa main devant elle.)* Toujours calmement. Ça peut vous paraître étrange, mais parfois on est bien.

Rose — Rien ne me paraît étrange, Marguerite.

MARGUERITE — Parfois les mots nous manquent à peine. Il y a des choses qu'on ne peut pas dire avec les mots.

ROSE — Quoi, par exemple ?

MARGUERITE — Tout ce qui est là. *(Elle déplace sa main de haut en bas devant son plexus.)* À l'intérieur. Tout ce qu'on sent parfois.

ROSE — C'est pour ça que vous avez mis tant de temps à consulter ?

MARGUERITE — Aussi parce que je ne savais pas comment dire ça.

ROSE — Ça ?

MARGUERITE — Ma sœur ne parle plus. Ma sœur se tait. Comment dire ça ?

ROSE — Comme ça.

MARGUERITE — Oui. Aussi parce qu'elle mène une vie normale et qu'elle ne souffre pas.

ROSE — Est-ce qu'elle exprime des émotions particulières ? Peur ? colère ? joie ? tristesse ? dégoût ?

MARGUERITE — Pas plus qu'avant. Iris mène une vie normale.

ROSE — Je ne sais pas ce qu'est une vie normale, Marguerite.

MARGUERITE — On peut vivre normalement sans prononcer un mot. Pendant des siècles, les femmes ont fermé leur gueule, leur bouche — pardon docteure, mais quand je parle des siècles il n'y a que des mots grossiers qui sortent de ma gueule, ma bouche pardon, c'est plus fort que moi, des siècles de mots qui macèrent, qui croupissent, qui fermentent, des crapauds, des lames, des couteaux qui sortent de ma bouche, ma gueule pardon quand je parle des siècles, je les vomis les siècles comme une gargouille, docteure.

ROSE — Vous n'êtes pas une gargouille, Marguerite. Non seulement les femmes s'expriment aujourd'hui, mais on les écoute. Leur parole fait trembler l'édifice, c'est vrai, mais vous n'êtes pas une gargouille. Tout est en train de bouger, de changer. Croyez-moi.

MARGUERITE — Pour qui, docteure ? Où ? Quand ? Et des siècles et des siècles, qu'est-ce qu'on en fait des siècles ?

ROSE — Il vous est arrivé quelque chose, Marguerite ?

MARGUERITE — Non. Rien. À moi, rien. Juste une conscience, docteure. Une présence, le monde et toutes ces voix qui me traversent, toutes ces souffrances. Certaines en ce moment même sont en enfer. Et ma sœur, maintenant, tombée en silence.

ROSE — Tout est aujourd'hui, Marguerite. Aujourd'hui vous êtes ici, en face de moi, à Paris, dans le plus grand hôpital d'Europe. Il faut croire à demain, Marguerite.

Marguerite — En attendant, personne ne se rend compte de rien, même pas son ex. Il l'a quittée sans remarquer qu'elle ne parlait plus.

Rose — Comment ça ?

Marguerite — Comme ça.

Entre l'Ex.

L'Ex — Je n'ai rien à te reprocher, Iris, tu es une femme magnifique, j'aime l'odeur de tes cheveux, ton regard sur la vie, et ta ratatouille est exceptionnelle. J'ai adoré ces quelques mois avec toi, alors je t'épargne l'humiliation de me poser la question et je te réponds : non. Personne. Je n'ai rencontré personne, à part moi-même peut-être. Aucune explication à te donner, pas envie d'en chercher, tu vas m'oublier rapidement, Iris — pas trop quand même, ça serait vexant — on reste amis si tu veux. Allez, salut, prends bien soin de toi.

Chanté :

> *Prends bien soin de toi, je prendrai soin de moi.*
> *Prends bien soin de moi, je prendrai soin de toi.*

Rose — Ah oui.

L'Ex — Oui.

Marguerite — Prends bien soin de toi — c'est ce qu'on dit quand on quitte les gens, c'est ça ?

L'Ex — Oui. Prends bien soin de toi. Je sors maintenant.

Chanté (tutti sauf Iris) :

    Prends bien soin de toi, je prendrai soin de moi.

    Prends bien soin de moi, je prendrai soin de toi.

    Ai-je besoin de toi pour prendre soin de moi ?

    As-tu besoin de moi pour prendre soin de toi ?

Il sort.

MARGUERITE — Il y a des gens qui traversent nos vies comme ça.

ROSE — Et votre sœur a été affectée ?

MARGUERITE — Non. C'était un homme léger, il ne faisait que passer. Et puis, il ne parlait que de lui, elle en avait fait le tour.

ROSE — Je comprends. *(À Iris.)* Iris ?

IRIS — …

ROSE — Je m'appelle Rose. Il n'y a pas de soleil et je suis là pour vous aider. On va vous hospitaliser quelques jours. Vous allez suivre un traitement expérimental. Votre sœur a signé pour vous une décharge, elle viendra vous voir quand elle veut, elle pourra même se confiner avec vous s'il le faut. Les hommes sont à l'étage du dessous ; il se peut que vous les entendiez mais vous ne les croiserez pas. Si vous voulez les voir, il y a un salon mixte sécurisé interétages. Vous comprenez ce que je dis ? Vous comprenez où vous êtes ? Vous pouvez me faire un signe pour me confirmer ? Un petit signe, Iris ? *(Iris donne un grand coup de pied dans la table.)* OK.

OK, Iris. Merci, Iris. *(À Marguerite.)* Vous n'aviez pas dit qu'elle était violente.

MARGUERITE — Elle ne l'est pas. Elle dit que vous existez à ses yeux.

Rose donne un grand coup de pied dans la table.

ROSE — OK, Iris. Vous me faites confiance ? *(Iris enlève ses lunettes noires.)* Merci, Iris.

Entre Mario. Iris remet ses lunettes noires.

MARIO — Tout va bien, docteure ?

ROSE — Tout va bien, Mario, regardez. *(Rose donne un grand coup de pied dans la table. Iris donne un grand coup de pied dans la table.)* On communique. Rentrez chez vous, Mario, ça fait au moins soixante-douze heures que vous êtes de garde. L'infirmière s'occupera d'installer Iris.

MARIO — Je préfère rester, docteure, un méchant vent s'est levé, c'est le déluge dehors, la ville est en alerte rouge, un bout du toit du bâtiment Pinel s'est envolé.

ROSE — Merde.

MARIO — C'est ça. Je préfère rester, j'ai encore du travail, votre agenda à mettre à jour, répondre à un patient qui fait une rechute.

ROSE — Qui ?

Mario, *imitant quelqu'un* — *Je ne t'ai pas touchée, je ne t'ai pas touchée.*

Rose — Lazare ?

Mario — En boucle toute la journée. C'est sa mère qui a appelé.

Rose — Sa mère ?

Mario — Sa femme l'a quitté.

Rose — Merde. Trouvez-lui un créneau d'urgence.

Mario — C'est fait.

Rose — Mario, vous êtes une perle, Mario.

Mario — Il faut qu'on avance les comptes rendus pour la visio.

Rose — Je vous rejoins dans le bureau. *(Mario sort.)* Mario. Mon assistant, mon esclave. Je plaisante. Mario est mon bras droit, il a toute ma confiance. Vous pouvez tout lui dire, tout lui demander, un homme rare, il est au courant de tout. Discrétion, loyauté, pas d'ego, juste ce qu'il faut d'amour-propre, un grand professionnalisme et aucune ambition personnelle. Une vraie bonne femme. Je plaisante.

Marguerite — Je n'ai pas d'humour, docteure. J'en avais autrefois, mais je l'ai perdu.

Rose — Vous voulez en parler ?

Marguerite — Non. Je dois vous dire autre chose, docteure. Chaque matin, je trouve une main posée près du lit d'Iris.

Rose — Une main ?

Marguerite fouille dans son sac et en sort une feuille de papier.

Marguerite — Voilà, docteure.

Rose Spillerman regarde la feuille de papier où apparaît une main positive.

Rose — Une main.

Marguerite — Chaque matin.

Rose — Une empreinte. Votre sœur dessine ? Elle peint ?

Marguerite — Juste une main. Je pense qu'Iris est hantée, docteure.

Rose — Hantée ? Par qui ?

Marguerite — Une petite âme. C'est une autre en elle qui pose sa main. C'est une autre en elle qui se tait.

Rose — Qu'est-ce qui vous fait penser ça ?

Marguerite — J'ai été hantée moi aussi, habitée, autrefois. Mais c'est fini.

Rose — Par qui ?

Marguerite — Une guerrière. Une femme de guerre.

Rose — Jeanne ?

Marguerite — Oui.

Rose — Elle se manifestait comment ?

Marguerite — J'entendais sa voix. Sa voix qui me disait d'agir. La voix de Jeanne qui me disait que tout était mieux à faire que de ne rien faire.

Rose — Et vous faisiez quoi ?

Marguerite — La guerre.

Rose — C'est-à-dire ?

Marguerite — Je bastonnais. Je défendais mes amis qui ne savaient pas se battre, des filles, des garçons aussi — il y a plein de garçons qui ne savent pas se battre. Je répondais coup pour coup. À tout. Toutes les violences. Je taguais des têtes de cochons sur les murs du collège, j'attaquais, je cognais, je cassais la gueule. Je suis passée devant le juge des mineurs, j'ai parlé à des psys, on m'a envoyée en internat à la campagne, je me suis calmée. Iris était toute petite — c'était à la fin du siècle dernier. J'étais très seule.

Rose — Et vos parents ?

Marguerite — Ils étaient perdus. Une fille qui rend coup pour coup, ça fait peur à tout le monde.

Rose — Et aujourd'hui ?

Marguerite — Aussi. Mais c'est fini. Je ne cogne plus. Aujourd'hui c'est ma sœur qu'il faut guérir, docteure. Elle ne souffre pas mais ce silence — ce silence qui dure, on ne sait pas où il va. On s'enfonce dedans comme dans une nuit épaisse.

Marguerite regarde autour d'elle.

Rose — Qu'est-ce que vous regardez ?

Marguerite — C'est bizarre aujourd'hui. Je ne sais pas dire. C'est comme une nouvelle peur qui rôde.

Rose — Quelle nouvelle peur ?

Marguerite — Je ne sais pas dire. Une peur vitale.

Rose — Je comprends.

Marguerite — Il faut guérir ma sœur.

Rose — La guérir, je ne sais pas, mais la soigner, oui, je vous le promets. Soigner la petite âme qui parle en elle.

Marguerite — La petite âme qui ferme sa gueule.

Entre Mario.

Mario — L'infirmière de nuit s'est endormie. Épuisée.

Rose — Réveillez-la.

MARIO — Elle est à une heure de Paris.

ROSE — Comment ça ?

MARIO — Chez elle. C'est chez elle qu'elle s'est endormie.

ROSE — Appelez la remplaçante.

MARIO — C'est elle qui la remplace.

ROSE — Qui ?

MARIO — La remplaçante. C'est elle. Elle qui remplace la remplaçante.

ROSE — Merde.

MARIO — C'est ça. Et avec la montée des eaux, le RER est coupé.

ROSE — ... Mario ?

MARIO — Bien sûr, docteure.

ROSE — Mario va vous installer dans votre chambre, Iris. Merci, Mario. Demain on fait un petit bilan avant d'attaquer le traitement.

MARIO — Un petit bilan.

ROSE — Un petit bilan.

MARGUERITE — Je reste près de ma sœur.

Rose — Vous êtes bien vaccinée ?

Marguerite — Douze fois.

Rose — Parfait. Vous ici êtes chez vous, Marguerite, toutes les aides sont bienvenues. On recrute, on recrute. L'hôpital est malade, mais après tout le monde n'est peut-être qu'un grand, un vaste, un immense hôpital à ciel ouvert. *Et le ciel se déchire au-dessus de nos têtes.* Je plaisante.

Marguerite — Je ne ris plus, docteure.

Rose — Moi non plus. Vous voulez en parler ?

Marguerite — Non.

Rose — Moi non plus.

Bruits d'hôpital, son de machines, sonneries, cliquetis de chariots, pas et voix qui résonnent dans les couloirs, auxquels se mêle un chant humain.

È un sogno la vita
Che par sì gradita
È breve gioire
Bisogna morire

Non val medicina
Non giova la China
Non si può guarire

Bisogna morire
Bisogna morire
Bisogna morire[1]

---

1. *Passacaglia della vita* de Stefano Landi.

2. CHAMBRE D'HÔPITAL

Installation.

Iris est assise sur son lit médical dont elle teste les positions. Elle porte ses lunettes de soleil. Marguerite finit d'installer un lit de camp militaire en toile kaki.

MARGUERITE — J'ai apporté ça, au cas où. *(Elle pose un étendard usé sous le lit de camp.)* Souvenir de Jeanne. Ça m'a fait drôle de parler de cette époque. Tu te souviens ? Je rentrais les week-ends, tu étais toute petite, tu te glissais dans mon lit, je t'inventais des chansons, des refrains sans couplets, je te berçais. *(Elle fredonne.) Ne pleure plus, ma chérie. Ne pleure plus, ma chérie.* C'était moi que je berçais, j'étais si triste, si triste après la colère, si seule. — Et toi ? — Toi tu n'es pas triste. Pourquoi tu te tais, alors ? *(Elle fredonne.) Pourquoi te tais-tu ? Pourquoi te tais-tu ? Tu es si têtue, tu es si têtue.* Ton silence est trop lourd pour moi toute seule. — Et ta main ? Qu'est-ce qu'elle veut, ta main ? Qu'est-ce qu'elle dit, ta main ? — Tu es devenue une énigme pour moi, ma sœur. Cet espace entre ton silence et mes mots, il s'agrandit de jour en jour. Ni le silence ni les mots ne me font peur, ma sœur, mais ce qu'il y a entre les deux, ce gouffre, me terrifie. — Tant de batailles encore à mener. — On sera bien ici.

Je me souviens de tout, même de ce que je n'ai pas vécu.
Moi aussi j'ai besoin de repos, ma sœur. *(Elle chante.)*

> *Oh mon dieu je savais la douleur des batailles quand
> les assaillants fous se ruaient à l'assaut*
>
> *Je savais oh mon dieu la douleur des batailles quand
> les assaillants fous se ruaient comme un flot*
>
> *Les assaillants montaient comme un flot qui s'em-
> porte et l'on sentait si bien qu'ils feraient tout plier*
>
> *Qu'ils feraient tout plier la muraille et la porte et que
> ce flot vivant s'en allait tout noyer*
>
> *Moi-même j'avais peur de ce flot qui déborde, qui
> déborde* [2].

Pendant le chant, Iris tend ses mains devant elle, paumes
ouvertes, les contemple, et danse doucement. Mario passe
la tête et disparaît.

---

2. Texte de Charles Peguy extrait de *Ève*.

3. HÔPITAL

Cabinet de consultation de Rose Spillerman.

Rose, une chaussure dans une main, dans l'autre un téléphone portable, déambule seule en boitant.

ROSE — Bonsoir.

Bonjour.

Hi.

Bonsoir.

Tout d'abord, merci.

Bonjour.

Hi.

Très honorée. Ravie. Ravie ça suffit. Collègues. Pas Dieu. Collègues.

Bonsoir, OK, ravie, j'improvise c'est mieux, ravie, collègues, bonsoir non.

Pas improviser.

Trop risqué.

Hi. Bonjour. Trois points.

Un : présentation Bibi. Ravie. Salpêtrière. Recherche de pointe. Nouvelle unité de soin. Cocorico. Temps de traduction.

Deux : nouvelles pathologies. Nouveaux symptômes. Mario comptes rendus. Descriptif symptômes. Adam et Ève. Robot mixeur. La petite âme, dit aussi syndrome de l'hospitalité. Temps de parole de... sept minutes. OK. Ça ira.

Trois : poser le constat. Désastre. Hommes-femmes. Désastre. Je déplie. Je déplie le désastre. Monde malade. Relier. Tout relier. Tout est lié. Tout malade. Je relie. Je déplie. Flip flap flap. Je démontre. Tranquille. Tout le monde me suit. Et là : BAM ! Révolution organique ! Fin de la prédation. De toutes les prédations. De toutes les oppressions. Pas plus, pas moins. *Yes.* Je tire les fils. Sexisme. Misogynie. Racisme. Productivisme. Exit ! On sauve l'espèce. Comment ? Modifier le microbiote ! Avec les précautions d'usage avant publication. Audace ! Audace ! Audace ! French Gut et microbiote !

Mario passe sa tête.

MARIO — Ça va, docteure ?

ROSE — Non. Personne n'est prêt à entendre ça, Mario.

MARIO — Vous répétez pour la visio ?

ROSE — Personne n'est prêt à entendre ça.

MARIO — On est tout près du but, docteure.

ROSE — Jamais gagné, Mario. Rien de plus virulent qu'une chose qui sait qu'elle va crever. Si on pouvait trouver la zone de la conscience. Là. *(Elle se tape le front.)* BAM ! Un bon *reset*. Un bon fucking *reset*. Le grand *reset* de l'humanité.

Mario — La bactérie, docteure, c'est imparable la bactérie.

Rose — Encore faut-il qu'on le prouve, Mario. On n'est pas des marioles.

Mario — On va le prouver.

Rose — Ça y est, j'ai mal au ventre. Et j'ai la tête qui tourne.

Mario — Vous n'avez rien mangé non plus. Tenez. *(Il sort des noisettes de sa poche.)* Mais le microbiote.

Rose — Merci, Mario.

Mario — Le microbiote.

Rose — Vous étiez écureuil dans une autre vie.

Mario — Tout le monde s'accorde sur l'importance du microbiote.

Rose — Il faut qu'on le prouve, Mario. Encore des années d'expérimentation.

Mario — Pourquoi des années? C'est quoi ce coup de mou, docteure? Les essais cliniques avancent. Je sais que le monde va mal, mais quand même, on ne peut pas régresser partout. Lazare fait une rechute, OK, mais M. Massel va beaucoup mieux.

Rose — M. Massel?

Mario, *imitant quelqu'un — Je vais te tuer salope, je vais te tuer.* Pas une seule crise depuis deux mois.

Rose — Pourquoi vous ne me l'avez pas dit ?

Mario — Je viens juste de l'apprendre.

Rose — Formidable. Ça c'est encourageant, ça.

Mario — Le French Gut m'a relancé. Il faut qu'on avance les comptes rendus pour la visio, docteure.

Rose — Arrêtez de m'appeler docteure — je suis professeure. Je l'ai pété, le plafond de verre, moi. BAM !

Mario — Je sais mais j'aime bien vous appeler docteure.

Rose — Je sais.

Chanté (Rose et Mario) :
> *Oui j'ai besoin de toi pour prendre soin de moi.*
> *Tu as besoin de moi pour prendre soin de toi.*

Bruits d'hôpital, son de machines, sonneries, cliquetis de chariots, voix d'hommes angoissées qui résonnent au loin. On saisit des bouts de phrases : On ne peut plus offrir des fleurs, alors ? On ne peut plus offrir des fleurs ? Je ne t'ai pas touchée. Je ne t'ai pas touchée. On ne peut plus plaisanter, alors ? On ne peut plus plaisanter ? Et la porte ? Et la porte ? Je la tiens ou je la tiens pas, la porte ?

4. COULOIR D'HÔPITAL

Marguerite a une fleur fanée dans une main.

MARIO — Qu'est-ce que vous faites dans le couloir, Marguerite ?

MARGUERITE — Je visite.

MARIO — Soyez prudente. C'est la tempête dehors.

MARGUERITE — Je ne suis pas sortie. Il y a un type qui est bloqué devant la porte.

MARIO — Kader. Quand il rencontre une femme devant une porte, il est complètement désemparé. Une femme. Une porte. Il bloque. Il ne sait plus comment agir. Il peut bloquer toute la journée. La tenir. Ne pas la tenir... Je vais aller le chercher. *(Désignant la fleur.)* Vous avez rencontré Yvan.

MARGUERITE — Oui. Il allait la jeter. Je suis passée dans le salon mixte. Il y avait un homme tout seul, en boucle.

MARIO, *imitant quelqu'un — Je ne t'ai pas touchée. Je ne t'ai pas touchée.*

MARGUERITE — Oui.

Mario — Il ne vous a pas touchée ?

Marguerite — Non.

Mario — Il dit ça à toutes les femmes.

Marguerite — Il a très peur.

Mario — Oui.

Marguerite — Il a très peur de toucher.

Mario — Oui.

Marguerite — Très peur d'être touché aussi.

Mario — Sans doute.

Marguerite — On a tous très peur d'être touchés.

Mario — Oui.

Marguerite — Ce n'est pas rien d'être touché.

Mario — Non. Ce n'est pas rien.

Marguerite — Toucher non plus, ce n'est pas rien.

Mario — Non. Ce n'est pas rien. Non plus. Je vous laisse, Marguerite. Vous êtes en sécurité, ici. Essayez de dormir cette nuit.

5. BUREAU ATTENANT AU CABINET DE ROSE SPILLERMAN

Mario est assis derrière un ordinateur auprès duquel sont posés un très gros bilboquet en bois et une tablette de chocolat. Sa blouse est entrouverte, on voit qu'il est quasi nu dessous. Rose, pieds nus, fait les cent pas, l'oreille collée à son téléphone portable ; elle écoute la radio.

ROSE — On en est où ?

MARIO — Adam et Ève.

ROSE — Chut. C'est moi.

Rose monte le son de la radio sur son téléphone portable. Mario prend le gros bilboquet et commence à jouer, tentant de faire entrer le truc dans le machin. Rose le regarde jouer. Les deux s'observent mutuellement en écoutant la radio. Par moments, Rose fait du play-back sur sa propre voix.

VOIX 1 — ... Sommes peut-être au début d'une nouvelle pandémie. En direct de la Pitié-Salpêtrière, Maxime Boucaud.

VOIX 2 — Merci, Guillaume. De toutes nouvelles pathologies inquiètent la communauté scientifique et mobilisent le corps médical. Avec moi la professeure Rose Spillerman, neuropsychiatre à la Pitié-Salpêtrière, qui vient d'ouvrir une unité de soins et de recherche post #MeToo. Professeure Spillerman, s'agit-il d'une nouvelle pandémie ?

Voix de Rose — Il ne s'agit pas de contagion virale au sens propre, mais plutôt de nouvelles pathologies qui sont en train d'apparaître.

Voix 2 — Et ce qui est troublant, c'est que ce sont des pathologies extrêmement genrées.

Voix de Rose — Extrêmement genrées. Extrêmement sexuées. Les personnes trans ou non binaires semblent épargnées.

Voix 2 — Ça s'explique comment ?

Voix de Rose — On ne sait pas grand-chose encore, on tâtonne, mais on constate que cette parole en chaîne à laquelle nous assistons depuis une petite décennie —

moi aussi

moi aussi

moi aussi.

Cette parole, libératrice et salutaire, n'a rien d'apaisant.

Voix 2 — Comment ça ?

Voix de Rose — Rien d'apaisant à entendre que des milliers, millions, milliards de femmes ont vécu, vivent encore et vivront pour certaines les mêmes oppressions, injustices, humiliations.

Voix 2 — Effectivement.

Voix de Rose — On prend la mesure du désastre. Et des souffrances. Sans compter qu'être écoutée et entendue est un phénomène totalement nouveau dans l'histoire des femmes. L'écoute s'est libérée au moins autant que la parole, et ce n'est pas sans conséquence psychophysique : si on m'écoute, je peux donc continuer de parler, de dire, de nommer et — puisque parole et pensée sont corrélées dans le développement cognitif : pas de pensée sans parole, pas de parole sans pensée — si on m'écoute, donc, je peux poursuivre ma pensée, la développer, faire de nouveaux liens, entrevoir de nouvelles perspectives.

Voix 2 — C'est vertigineux.

Voix de Rose — Quant aux hommes, quand ils découvrent que des choses dont ils jouissent pépères depuis des siècles, des choses qui sont bonnes pour eux, peuvent être nocives pour l'autre, c'est un vrai choc. Choc émotionnel. Choc identitaire. Choc existentiel pour certains. Chocs qui peuvent provoquer des réactions parfois violentes.

Voix 2 — Vous pouvez nous en dire plus ?

Voix de Rose — Ils sont de plus en plus nombreux à développer des pathologies inédites auxquelles nous devons faire face. Nous avions d'abord cru à des cas isolés, mais ils se sont multipliés ces derniers mois en France et dans de nombreux pays, comme le signale le dernier rapport de l'OMS. Crises d'angoisse, TOC, dépressions. C'est pourquoi nous venons d'ouvrir cette nouvelle unité de recherche et de soin post #MeToo au cœur même de l'hôpital.

Voix 2 — Vous pouvez nous en dire plus ?

Voix de Rose — Une petite unité, quelques chambres, essentiellement des consultations, mais c'est un premier pas. Et pour une fois, la France est en avance ! Je ne vais pas faire le cri de la poule mais je peux dire : cocorico !

Rose coupe la radio.

Rose — Je parle bien.

Mario — Très bien. C'était très bien.

Rose — Je suis très claire, je trouve.

Mario — Très claire. Vraiment très claire.

Rose — Je n'aurais pas dû dire *pépère*.

Mario — Oui, bon.

Rose — Cocorico, Mario.

Mario — Cocorico, docteure.

Rose — On en est où, Mario ?

MARIO — Adam et Ève, robot mixeur, et… syndrome de la petite âme.

ROSE — Dit aussi syndrome de l'hospitalité.

MARIO — Dit aussi syndrome de l'hospitalité.

ROSE — OK. Pour les autres on tâtonne encore, mais ces trois-là sont bien identifiés.

MARIO — On décrit en quelques lignes. Ensuite je croise les données en récupérant les statistiques nationales et européennes, et je vous prépare le topo pour la visio.

ROSE — Allons-y.

Rose se saisit maladroitement du gros bilboquet.

MARIO — Attention.

ROSE — Syndrome d'Adam et Ève : violentes douleurs intercostales, très invalidantes, associées à une accélération du rythme cardiaque et à des bouffées d'angoisse. Le syndrome d'Adam et Ève est observable chez le garçon à partir de la puberté quand il est mis en compétition équitable avec des jeunes filles. Point.

MARIO — Équitable avec.

ROSE — Des jeunes filles. Point. Je vais trop vite, pardon.

MARIO — Pas comme ça, le bilboquet.

Rose — Je fais ce que je veux. *(Ralentit son débit.)* Peut aussi apparaître tardivement chez l'homme au sommet de sa carrière. Dans les cas sévères, on peut observer jusqu'à des troubles cognitifs aigus : le patient croit avoir un trou dans la cage thoracique, juste au-dessus des côtes flottantes. Il a la sensation que ses doigts s'enfoncent dans son corps jusqu'à pouvoir toucher son cœur. Certains même le saisissent à pleine main, l'extirpent de sa cage et le regardent battre à l'air libre enfin. Enlevez « enfin ». C'est un commentaire personnel. Inutile.

Mario — On a eu un seul cas aussi extrême.

Rose — Le PDG ?

Mario — Le PDG. Je propose : un des cas observés, sujet à des hallucinations particulièrement fortes, a saisi son cœur à pleine main, l'a extirpé de sa cage et l'a regardé battre à l'air libre.

Rose — Parfait, Mario.

Mario — Très impressionnant, je vous jure. *(Il mime la main qui plonge dans la cage thoracique, le cœur qu'on arrache et qu'on regarde battre dans sa main.)* Doudoum. Doudoum. Doudoum.

Rose — Vous me l'avez fait dix fois, Mario. Reprenons. Écrivez : cette sensation de perméabilité du corps et d'extrême vulnérabilité est une source d'angoisse pouvant aller jusqu'à la panique. Néanmoins, chez deux des cas observés, elle a été au contraire une source de soulagement.

Mario — Accepter sa vulnérabilité soulage.

Rose — Hein?

Mario — Rien. Syndrome du robot mixeur.

Rose — Syndrome du robot mixeur. Identification psychique à un objet domestique dangereux. Expression d'un désir de vengeance qui reste généralement à l'état de fantasme. Touche essentiellement les mères de famille. Le passage à l'acte est rare mais spectaculaire.

Mario — J'ai reçu la description du dernier cas à Salzbourg.

Rose — Le hachoir électrique? J'ai vu.

Mario — Trash.

Rose — Trash.

Mario — Hyper trash.

Rose — C'était son ex?

Mario — Son mari. C'est un Krups.

Rose — Qui?

Mario — Le hachoir. C'est un Krups. Paix à son âme.

Rose — À qui?

Mario — Au mari.

Rose — Allez, courage, Mario. Une petite douceur ?

Rose pose le gros bilboquet et sort de sa poche une boîte de bonbons au miel.

Mario — Je veux bien, docteure. Syndrome de la petite âme.

Rose — Dit aussi syndrome de l'hospitalité.

Mario — Dit aussi syndrome de l'hospitalité. À propos : Iris. Ça pourrait être ça ? Syndrome de la petite âme ?

Rose — Possible. C'est ce que pense sa sœur. Une artiste oubliée qui aurait pris possession d'elle, mais laquelle ?

Mario — Il y en a tant.

Rose — Il y en a tant.

Mario — Oui mais qu'on le dise, c'est très récent.

Rose — Depuis la nuit des temps.

Mario — C'est très récent.

Rose — La main, la grotte, c'est là qu'il faut creuser. Dans la nuit des temps.

Mario — C'est dingue, docteure.

Rose — L'histoire est écrite par les vainqueurs.

Mario — C'est dingue.

Rose — Ce n'est pas nouveau, Mario.

Mario — Quand même, c'est dingue, docteure.

Rose — Vous êtes en boucle, Mario.

Mario — Oui mais c'est quand même dingue.

Rose — Stop ! On va déjà faire un petit bilan.

Mario — Un petit bilan.

Rose — Et l'art-thérapeute ?

Mario — Toujours en récup.

Rose — Encore ?

Mario — Un an sans congé, docteure. Mais j'ai la clé du local. Je vais trouver du papier, des pigments.

Rose — Faites ça. Donnez-lui de quoi s'exprimer. Ce qui m'intrigue, c'est son silence. Il est étrangement plein son silence. Étrangement serein.

Mario — Il fait presque du bien.

Rose — C'est vrai. Tellement de souffrance ici.

Mario — Oui.

Rose — Une petite douceur, Mario.

Rose donne à Mario un bonbon au miel.

Mario — Merci, docteure. Sa sœur ferait une bonne infirmière.

Rose — Vous voyez des infirmières partout, Mario.

Mario — Tropisme masculin.

Rose — Ça se soigne, Mario.

Chanté (Rose et Mario) :

> *Qui a besoin de qui pour prendre soin de quoi ?*
> *Qui a besoin de quoi pour prendre soin de qui ?*

Bruits d'hôpital, son de machines, sonneries, cliquetis de chariots, voix d'hommes angoissées qui résonnent au loin. On saisit des bouts de phrases : Je ne t'ai pas touchée. Je ne t'ai pas touchée. On ne peut plus plaisanter, alors ? On ne peut plus plaisanter ? On ne peut plus offrir des fleurs, alors ? On ne peut plus offrir des fleurs ?

6. CHAMBRE D'IRIS

Iris est seule. Debout sur son lit, avec ses lunettes noires, elle observe ce qui l'entoure. Elle tend ses mains vers le plafond. Entre Mario. Il observe Iris en silence. Iris le découvre. Ils s'observent en silence. Iris enlève ses lunettes, descend du lit. Elle dévisage Mario et tend sa main vers lui, calmement, approche sa paume tout près du cœur mais ne le touche pas.

Mario — Je ne sais pas, Iris. Je ne sais pas ce que vous me dites. Mais ça me touche. Ça me touche.

Mario sort.
Bruits d'hôpital, son de machines, sonneries, cliquetis de chariots, pas et voix qui résonnent dans les couloirs, auxquels se mêlent des battements de cœur.

6 *BIS*. COULOIR

Mario a un bouquet de fleurs un peu fanées à la main.

MARIO — Qu'est-ce que vous faites dans le couloir, Marguerite ?

MARGUERITE — Je visite. *(Regardant les fleurs.)* Elles sont un peu fanées.

MARIO — Yvan allait les jeter. Ça me faisait mal au cœur.

MARGUERITE — Vous voulez me les offrir.

MARIO — Elles sont un peu fanées.

MARGUERITE — Vous en avez envie.

MARIO — Si ça vous fait plaisir.

MARGUERITE — Si.

MARIO — Oui.

MARGUERITE — Ça me fait plaisir.

Mario donne les fleurs un peu fanées à Marguerite.

Mario — Tenez.

Marguerite — Ça me touche.

Mario — Moi aussi.

Marguerite — Elles sont un peu fanées.

Mario — Un peu.

Marguerite — Un peu.

Mario — Oui,

Marguerite — Faut pas s'emballer.

Mario — Faut pas s'emballer.

7. CHAMBRE D'IRIS

Iris, assise sur son lit, contemple les paumes de ses deux mains, puis lève les bras autour d'elle comme si elle cherchait à toucher une paroi. Entre Marguerite avec le bouquet de fleurs un peu fanées, des revues sous le bras ; on distingue les titres ELLE *et* Science Magazine.

MARGUERITE — J'ai pris de la lecture dans la salle d'attente. Il y a une très vieille femme dans la chambre au bout du couloir. Elle est toute pleine de plis, vraiment très vieille, elle a peut-être un siècle. Je l'ai aidée à faire sa toilette, à se laver le visage avec de l'eau de rose, le même flacon bleu que grand-mère avait, tu sais. Le même parfum. Sa peau est toute fine, transparente, on voit au travers. On voit le bleu des veines au travers, et le sang qui coule doucement. C'est beau. Je lui ai passé le coton sur le visage comme ça, et dans les plis aussi. Elle m'a dit que j'étais douce. Ça m'a touchée. C'est rare qu'on me dise ça. *(Iris fait un geste doux vers sa sœur.)* Pas toi, je sais. *(Marguerite la rejoint, se couche auprès d'elle sur le lit étroit.)* Elle répétait en boucle : jamais trop tard, jamais trop tard. Je lui ai demandé Pour quoi ? Jamais trop tard pour quoi ? Pour se laver, elle m'a dit. Et puis tout à coup, elle fait : Chut ! Chut ! Écoutez. Je dis quoi ? Écouter quoi ? Qu'est-ce que vous entendez ? Il tant de bruits ici, tant de bruits le jour, la nuit, qu'est-ce que vous entendez ? Elle n'a plus rien dit. Puis elle a mis sa main dans sa bouche comme ça et... Regarde. *(Elle sort de sa poche un dentier.)* Flippant, hein. Elle me l'a donné. *(Elle pose le dentier sur la table de chevet.)* Puis elle s'est couchée, elle a éteint la lumière et ça m'a prise d'un coup, comme ça : je l'ai bercée. *(Elle chante.)*

 J'ai connu la douleur d'être cheffe de bataille

 J'ai connu la douleur d'être cheffe de bataille

 J'ai connu la douleur d'être cheffe de bataille

 J'ai connu la douleur d'être cheffe de bataille [3]

Mario passe sa tête et disparaît.

---

3. Texte de Charles Peguy extrait de *Ève*.

8. CABINET DE CONSULTATION DE ROSE SPILLERMAN

Mario est à l'ordinateur. Rose, debout, dicte. On entend au loin le chant de Marguerite.

Rose — Syndrome de la petite âme, dit aussi syndrome de l'hospitalité. Se manifeste chez des femmes de tous âges. Peut être confondu dans un premier temps avec la schizophrénie par l'aptitude des patientes à changer brutalement de personnalité. La patiente est habitée par une femme du passé, totalement oubliée, généralement une femme puissante, qui peut être une créatrice ou une femme qui a accompli des exploits, fait des découvertes scientifiques essentielles, dont l'œuvre a été sciemment minorée, rabaissée, dépréciée, méprisée, confisquée, piétinée, dont la mémoire a été effacée, supprimée, bafouée, une femme qui a été dépossédée, évincée, spoliée, une femme à laquelle, des siècles après, la patiente s'identifie absolument. La patiente n'aura de cesse de rendre justice à la petite âme accueillie en son sein.

Mario — Une petite douceur, docteure ?

Il lui tend un carré de chocolat.

Rose — Merci, Mario. Nota bene : entre les travaux de la psychogénéalogie, ceux de la psychanalyse transgénérationnelle, toutes les nouvelles recherches anthropologiques et préhistoriques qui font surgir de nouveaux points de vue sur l'histoire des femmes, faisant apparaître leur ABSENCE ABYSSALE de l'histoire officielle, les femmes commencent à prendre la mesure de la non-histoire dont elles sont le non-sujet — et cela ne va pas sans douleur.

Mario — Cela ne va pas sans douleur ?

Rose — Cela ne va pas sans douleur.

Mario — Je note « cela ne va pas sans douleur » ?

Rose — C'est un constat clinique, mon petit Mario, pas un petit commentaire.

Mario — Cela ne va pas sans douleur. Vous avez du chocolat, là.

Rose — Merde. Merci.

Mario — C'est ça. Là. *(Il repend le gros bilboquet.)* Ne m'appelez pas « mon petit Mario ».

Rose — Pardon. Et les deux sœurs ?

Mario — Iris est calme. Marguerite donne des grands coups de pied dans le drap, s'agite dans son sommeil, elle a crié doucement « À l'assaut ».

Rose — Comment peut-on crier doucement ?

MARIO — Comme ça. *(Il crie doucement.)* « À l'assaut... à l'assaut... »

ROSE — Vous êtes passé les voir ?

MARIO — Oui. Regarder dormir les femmes, j'aime ça.

ROSE — Qu'est-ce qui vous prend, Mario ? Vous êtes complètement hors cadre.

MARIO — J'aime que les femmes puissent s'abandonner au sommeil, se reposer, se réparer. J'aime mon métier, docteure. Ce n'est pas hors cadre.

ROSE — C'est le verbe *aimer* qui me gêne.

MARIO — Je ne vois pas pourquoi.

ROSE — Lâchez ce bilboquet, vous commencez à me gonfler.

MARIO — Vous êtes injuste.

ROSE — Totalement injuste, et vous savez pourquoi.

MARIO — Je sais, docteure.

ROSE — Vous et moi.

MARIO — On rééquilibre le monde.

Chanté (Rose et Mario) :
> *Oui j'ai besoin de toi pour prendre soin de moi.*
> *Tu as besoin de moi pour prendre soin de toi.*

Rose — Et le couplet, vous l'écrivez quand, Mario ?

Mario — J'aime pas les couplets, docteure. La vie, c'est des refrains. C'est des refrains dont on se souvient, jamais des couplets. Il faut qu'on avance, docteure. On ne sera jamais prêtes pour la visio.

9. CHAMBRE D'IRIS

Marguerite entre avec un plateau-repas qu'elle pose sur le lit.

Marguerite — Voilà ce que j'ai rapporté de la chasse. Tu veux qu'on joue à la becquée ? *(Elle goûte.)* Tu connais le goût du raté ? Le triste goût du raté. Le goût de ce qui a failli être et qui n'a pas été. *(Elle donne une cuillerée à Iris.)* Cette purée, ma sœur, aurait pu être une bonne purée, elle est ratée. C'est à pleurer, le goût du raté. Un jour, on racontera cette histoire-là, la grande histoire ratée du monde, la grande histoire du monde raté, la grande histoire ratée des hommes, la grande histoire ratée des femmes, la grande histoire des sexes ou comment ils se sont si bien ratés. Allez. Une cuillerée pour maman. Tu n'as pas fini ton raté, dis donc. *(Elle donne une cuillerée à Iris.)* Une cuillerée pour papa. Tu ne sors pas de table tant que tu n'as pas fini ton raté. *(Elle donne une cuillerée à Iris.)* Allez. La dernière cuillerée de raté. Elle est pour qui, celle-là ? *(Iris recrache tout.)* OK. *(Plonge sa main dans la purée.)* OK, Iris. *(Plaque sa main sur les draps.)* T'es dégueulasse, Iris. *(Regarde la trace et repousse le drap.)*

Mario entre avec des feuilles de papier et du matériel de peinture.

Mario — OK, Iris. On va changer vos draps.

Marguerite — Je vais le faire. J'ai vu où vous rangez le linge.

Mario — Du papier et des pigments, Iris. Ça vous évitera de mettre de la purée partout. *(Découvrant le dentier.)* Vous avez rencontré Marthe.

Marguerite — Je l'ai aidée à faire sa toilette.

Mario — Je vous ai entendue chanter, cette nuit, Marguerite. Je dirige la chorale de l'hôpital. Si ça vous tente.

Marguerite — Pourquoi elle est ici, Marthe ?

Mario — Son mari était un homme violent. Pas physiquement. Avec les mots. Des mots. Comment dire ?

Marguerite — Salissants.

Mario — C'est ça. Salissants. Depuis qu'il est mort, elle se lave tout le temps.

Marguerite — Vous avez déjà sali une femme, Mario ?

Mario — Sali une femme ? Non. Non. J'espère ne pas. Non. Non. De tout mon cœur, j'espère ne pas.

Marguerite — Je vous crois.

Mario — De tout mon cœur.

Marguerite — Je vous crois. Qu'est-ce qu'on fait de la conscience, Mario ?

MARIO — La conscience?

MARGUERITE — Le passé. Qu'est-ce qu'on fait du passé?

MARIO — Je ne sais pas. Le passé, je ne sais pas, Marguerite. *(Regardant le dentier.)* Vous le lui rapporterez?

MARGUERITE — Bien sûr.

MARIO — Elle vous demandera de la laver.

MARGUERITE — Je la laverai.

MARIO — Merci pour le coup de main, Marguerite.

MARGUERITE — Il est où, votre cœur, Mario?

MARIO — Partout. Là. Partout. *(À Iris.)* Iris. On fait un petit bilan dès que possible.

10. CHAMBRE D'IRIS

Ballet des soins, scène musicale. Prise de température, prise de pouls, prise de tension, prise de sang. Bref, scène de prise de tout. Iris, manipulée, se laisse faire.

Rythmique : Check-up check-up check-up — check check.

Chœur des infirmières :

> *Il faut dormir, faut dormir, éteindre la lumière, et puis il faut dormir.*
> *Une petite piqûre.*
> *Est-ce qu'elle a pris son Stilnox, Tramadol, Lithium, Xanax et sa température ?*
> *Une petite piqûre.*

Chant :

> *Un petit bilan. Un petit bilan. On fait un petit bilan.*

Parlé/scandé :

> *On con-trôle tout. Le sang la tension le pouls.*
> *Globules. Les rouges. Globules. Les blancs.*
> *Le pouls la tension le sang.*

ROSE — Les résultats du check-up sont parfaits, Iris. Aucune lésion cérébrale. Il faut chercher ailleurs.

11. CHAMBRE D'IRIS

Iris pose des empreintes de main sur des feuilles de papier. On entend les voix de Mario et Marguerite qui chantent en duo la Passacaglia della vita. Entre Rose, avec des scanners en couleur du cerveau qu'elle regarde en transparence.

ROSE — Les résultats du check-up sont parfaits, Iris. Pas de signe d'aphasie sur les IRM. Vous allez voir l'orthophoniste, on lui a dit que vous aimiez chanter. Qu'est-ce qui s'est passé dans cette grotte, Iris? *(Elle touche les IRM du bout des doigts.)* Sapiens sapiens. Regardez. *(D'un geste, elle lance l'imagerie.)* Regardez comme c'est beau, Iris. Les zones du langage ici. Intactes. Au cœur, le striatum, le noyau le plus ancien. Tous les secrets du monde, dans les creux, dans les plis, enfouis, et le chemin parcouru jusqu'ici : 2027, Paris. Ils sont passés où, vos mots, Iris? Ils sont restés dans la grotte? Vous voulez entendre un secret, Iris? Longtemps moi aussi je me suis tue, longtemps je n'avais pas de mots pour ce qui me bouleversait, comme si les mots allaient briser — je ne sais pas — tout. L'harmonie du monde. *Et le ciel se déchire au-dessus de nos têtes, laissant entrevoir l'envers du monde et la tristesse infinie des gouffres galactiques...* J'écris des poèmes la nuit quand je suis de garde, des poèmes silencieux. J'écris dans ma tête, pas sur le papier — je devrais peut-être. Vous pensez que je devrais ? *(Iris sourit.)* *Le silence est notre langue maternelle... Il faut que les mots reviennent, Iris, sans mots le monde s'effondre. On va cher-cher ensemble, main dans la main.* (Rose tend sa main devant elle.) *Je peux te tutoyer, Iris ?*

Iris fait le même mouvement et colle sa main à celle de Rose.

> *Je serai ton miroir*
> *Pour que tu te voies, telle que je te vois*
> *Je serai le vent la pluie et le soleil*
> *Lumière qui te dit que tu es chez toi.*
>
> *Quand tu confonds la vie et la mort*
> *Que tout est silence dans ton corps*
> *Quand ton cœur se serre, mon cœur se tord*
> *Ouvre grand les yeux*
> *Car je te vois.*
>
> *J'irai te chercher*
> *Au fond de la nuit où tu t'es perdue*
> *Laisse-moi être tes yeux et ton reflet*
> *La main qui se tend dans ton obscurité.*
>
> *Quand tu confonds la vie et la mort*
> *Que tout est silence dans ton corps*
> *Quand ton cœur se serre, mon cœur se tord*
> *Ouvre grand les yeux*
> *Car je te vois.*
> *Je serai ton miroir*[4] *(× 4)*

---

4. Libre traduction et adaptation de *I'll Be Your Mirror* du Velvet Underground.

Rose — Je crois que vous avez rencontré quelqu'un dans cette grotte, Iris.

Bruits d'hôpital, son de machines, sonneries, cliquetis de chariots, pas et voix qui résonnent dans les couloirs, auxquels se mêlent des hennissements de chevaux, des gouttes de pluie qui tintent. Les gouttes de pluie se transforment dans les premières notes de la Passacaglia della vita.

12. BUREAU ATTENANT AU CABINET DE ROSE SPILLERMAN

Mario donne à Marguerite une feuille de papier, et en garde une à la main.

MARGUERITE, *lisant* — « Dialogues névrotiques. Boucles et variations. »

MARIO — C'est le titre. Déontologiquement, on n'a pas le droit de filmer ni d'enregistrer les patients sans leur autorisation. Alors je note les dialogues. Je lis Lui — vous le connaissez, vous l'avez croisé dans le salon mixte. Vous lisez Elle.

MARGUERITE — Sa femme.

MARIO — C'est ça.

MARGUERITE — Elle l'a quitté.

MARIO — C'est ça. Vous n'êtes pas obligée de mettre le ton. Il faut juste qu'on entende bien tous les mots pour la visio, que ce soit bien clair. *Je ne t'ai pas touchée.*

MARGUERITE — *Je n'ai jamais dit que tu m'avais touchée.*

MARIO — *Je ne t'ai pas touchée.*

MARGUERITE — *Je sais que tu ne m'as pas touchée.*

MARIO — *Tu le diras que je ne t'ai pas touchée.*

MARGUERITE — *Je le dirai.*

MARIO — *À qui ? Quoi ? Tu diras quoi ?*

MARGUERITE — *À qui quoi ? À qui tu veux que je le dise ? À qui je ne le dis pas ?*

MARIO — *Quoi ? Je ne t'ai pas touchée, je ne t'ai pas touchée, je ne t'ai pas touchée.*

MARGUERITE — *Je n'ai jamais dit que tu m'avais touchée.*

MARIO — *Je ne t'ai pas touchée. Reprise. Je ne t'ai pas touchée.*

MARGUERITE — *Je n'ai jamais dit que tu m'avais touchée.*

MARIO — *Je ne t'ai pas touchée.*

MARGUERITE — *Je sais que tu ne m'as pas touchée.*

MARIO — *Tu le diras que je ne t'ai pas touchée.*

MARGUERITE — *Je le dirai.*

MARIO — *À qui ? Quoi ? Tu diras quoi ?*

MARGUERITE — *À qui quoi ? À qui tu veux que je le dise ? À qui je ne le dis pas ?*

MARIO — *Quoi ? Je ne t'ai pas touchée, je ne t'ai pas touchée, je ne t'ai pas touchée.*

MARGUERITE — *Je n'ai jamais dit que tu m'avais touchée.*

MARIO — Voilà. C'est ça. En fait il suffit de le lire deux fois, en boucle, et puis je dis : *Reprendre au début, ad libitum.* Voilà. La caméra sera placée là. C'est elle qu'il faut regarder. Pas moi. La deuxième boucle maintenant.

MARGUERITE — *Et là tu m'entends ? Tu peux m'entendre là ?*

MARIO — *Là je ne t'entends pas. Je t'écoute mais je ne t'entends pas. Je ne peux pas t'entendre, j'ai été programmé comme ça, tu comprends. PRO-GRAM-MÉ.*

MARGUERITE — *Pour ne pas m'entendre ? Tu es programmé pour ne pas m'entendre, c'est ça ?*

MARIO — *Ce n'est pas ce que je dis.*

MARGUERITE — *Si. C'est ce que tu viens de dire.*

MARIO — *Tu déformes mes paroles.*

MARGUERITE — *Non. Je répète ce que tu viens de dire mais comme ça sort de ma bouche tu ne peux pas l'entendre.*

MARIO — *C'est ce que je te dis. Je ne peux pas t'entendre.*

MARGUERITE — *ET LÀ TU M'ENTENDS ? TU PEUX M'EN-TENDRE LÀ ?*

Mario — *Là je ne t'entends pas. Je t'écoute mais je ne t'entends pas. Je ne peux pas t'entendre, j'ai été programmé comme ça. PRO-GRAM-MÉ.*

Marguerite — *Programmé pour ne pas m'entendre. Tu es programmé pour ne pas m'entendre.*

Mario — *Ce n'est pas ce que je dis.*

Marguerite — *C'est exactement ce que tu viens de dire.*

Mario — *Non. Tu déformes toutes mes paroles.*

Marguerite — *Non. Je répète ce que tu viens de dire, mais comme ça sort de ma bouche tu ne peux pas l'entendre.*

Mario — *C'est ce que je te dis, putain. Je ne peux pas. Je ne peux pas t'entendre.*

Marguerite — *ET LÀ TU M'ENTENDS ? TU PEUX M'ENTENDRE LÀ ?*

Mario — *Là je ne t'entends pas. Je ne t'entends pas. Là on reprend au début.*

Marguerite — *Et là tu m'entends ? Tu peux m'entendre là ?*

Mario — Voilà. C'est ça. Et je continue. *Là je ne t'entends pas. Je t'écoute mais je ne t'entends pas, etc., ad libitum.* Idem il suffira de le lire deux fois, en boucle, et puis je dirai : *Reprendre au début, ad libitum.*

MARGUERITE — Ces patients sont conscients qu'ils sont en boucle?

Entre Rose, des images d'IRM à la main.

ROSE — Oui. C'est ce qui leur plaît. La boucle. Le mouvement de la boucle.

MARGUERITE — Ça les rassure.

ROSE — Jusqu'à un certain point. L'humanité est en boucle, Marguerite.

MARGUERITE — En spirale, docteure.

ROSE — En spirale?

MARGUERITE — En spirale.

ROSE — En spirale, Marguerite. Vous avez embauché, Marguerite?

MARGUERITE — C'est moi qui ai proposé mes services.

MARIO — Je me suis dit que ça serait plus vivant pour la visio. Vous n'y voyez pas d'inconvénient?

ROSE — Au contraire. Bienvenue, Marguerite. On recrute, on recrute. *(Montrant les images.)* Les IRM d'Iris. Aucune lésion cérébrale. Aucun signe d'aphasie. Il faut chercher ailleurs. Elle va voir l'orthophoniste et, si ça ne bouge pas, on passe au nouveau traitement expérimental.

Mario — Je vais prévenir Rémi.

Rose — Rémi ?

Mario — L'orthophoniste qui remplace Sido.

Rose — Sido ?

Mario — L'orthophoniste qui est en burn-out.

Rose — Que Rémi remplace.

Mario — C'est ça.

Mario sort. Rose enlève ses chaussures et se laisse tomber sur la chaise.

Marguerite — Et vous, docteure, ça va ?

Rose — Toujours. Ça va toujours, Marguerite.

Marguerite — Tant de batailles encore à mener.

Rose — Je vous ai entendue chanter cette nuit. Ça m'a fait quelque chose, là. *(Elle déplace sa main de haut en bas devant son plexus.)* Moi aussi j'ai connu la douleur.

Marguerite — Vous aussi vous êtes cheffe de bataille.

Rose — C'est gentil.

Marguerite — Il faut vous reposer, docteure.

Rose — Ne me dites pas ça, je vais pleurer.

MARGUERITE — Et l'Autre qui est toujours là.

ROSE — L'Autre?

MARGUERITE — L'Autre.

ROSE — L'Autre.

MARGUERITE — Toujours là. Des jours on ne sait pas quoi en faire. Dans sa vie, dans son cœur, on ne sait pas où le mettre, où le ranger, l'Autre. Des jours il prend trop de place. Vous voyez au travers. C'est beau.

ROSE — Au travers?

MARGUERITE — Avec toutes vos machines, vous voyez au travers. La peau, la chair, les os. Vous voyez au travers.

ROSE — Même au travers, on ne voit pas tout. Hélas. La transparence a ses limites. Tant mieux.

MARGUERITE — Vous ne pouvez pas sauver le monde, docteure.

ROSE — Mais si. Bien sûr que si. Bien sûr que si, je peux sauver le monde. Je ne serais pas là si je ne pouvais pas sauver le monde. Chaque jour je sauve le monde, Marguerite. Vous êtes un monde, Marguerite. Iris est un monde. Kader est un monde. Yvan est un monde. Il est infime le monde parfois. À portée de main. Parfois il est trop vaste. On cherche l'échelle. Le geste est le même. Sauver un être. Mais. Le French Gut Project, ça vous dit quelque chose?

Marguerite — Une recherche de pointe sur le microbiote.

Rose — *Yes* ! Notre unité de recherche fait partie du French Gut Project, et nous tenons peut-être la clé d'une découverte majeure, Marguerite — une révolution organique qui pourrait changer la face du monde. Gardez ça pour vous, ce n'est encore qu'une hypothèse, mais une hypothèse très sérieuse. La misogynie et toutes les saloperies qui en découlent seraient dues à une bactérie.

Marguerite — Une bactérie ?

Rose — Une bactérie.

Marguerite — Vous voulez dire comme Alzheimer, comme l'autisme ?

Rose — Exactement. On est sur la même piste. Une bactérie. Donc...

Marguerite — Donc soignable par antibiotiques.

Rose — Exactement. Par antibiotiques.

Marguerite — Ce serait fou, docteure.

Rose — Une révolution organique.

Marguerite — Ce serait fou.

Rose — Nos bactéries sont plus nombreuses que les étoiles dans le ciel.

Marguerite — Un poème ?

Rose — La réalité.

Marguerite — Ce serait fou.

Rose — Pas plus fou que ce qu'on vit, Marguerite. Regardez autour de vous. Elle va où, l'humanité ?

Marguerite — Dans le mur.

Rose — Exactement. Mais. Pas le droit de désespérer. Jamais. On sauve le monde à l'endroit où il est. Moi c'est ici. Je fais des liens. Je décloisonne. Tout relier, il faut tout relier.

Marguerite — Une bactérie.

Rose — Le lien entre microbiote intestinal et misogynie est étudié depuis plusieurs années. Une étude publiée dans la revue médicale *Neurobiology of sexism* a montré que chez les personnes atteintes de misogynie aiguë, le profil du microbiote est altéré, avec une diversité microbienne réduite et un taux de bactéries inflammatoires intestinales élevé. Or, certaines de ces bactéries pourraient passer la barrière intestinale, se retrouver dans le sang, puis passer la barrière hémato-encéphalique et atteindre le cerveau. BAM ! Plus précisément le noyau prémamillaire ventral de l'hypothalamus, qui est une des zones de l'agressivité. C'est cette hypothèse que nous continuons d'explorer avec le French Gut Project : l'inflammation peut-elle se propager entre le microbiote et le cerveau ? Il semblerait que oui.

Marguerite — Une bactérie.

Rose — *Yes*! Et pour éliminer le mal à la racine, il suffirait donc de.

Marguerite — Modifier le microbiote.

Rose — Exactement. Modifier le microbiote. Et pour les cas les plus sévères.

Marguerite — Transplanter le microbiote.

Rose — Exactement. Vous êtes au taquet, Marguerite.

Marguerite — *Sciences Magazine*. Je viens de lire le dossier sur la transplantation fécale.

Rose — Je ne vais pas faire ma cocardière, mais en matière fécale la France a quelques longueurs d'avance.

Marguerite — Cocorico, docteure.

Rose — Cocorico, Marguerite.

Marguerite — Ce serait fou.

Rose — Exactement. Vous m'excusez deux secondes, Marguerite ? *(Rose s'affale sur le bureau.)* Une nano sieste.

Rose s'endort immédiatement. Marguerite se déplace doucement autour de Rose endormie. Elle prend des radios sur le bureau, les regarde en transparence.

MARGUERITE — Une bactérie. (Elle fait quelques mouvements de kung-fu très lents contre un ennemi invisible en chantant doucement :)

> À l'assaut.
>
> À l'assaut.
>
> Les marteaux écrasaient les casques et les crânes
>
> Les flèches se glissaient aux cuirasses de fer
>
> Les marteaux écrasaient les casques et les crânes
>
> Les haches entaillaient la cuirasse et la chair.
>
> Et j'étais cheffe de guerre et tous ces marteaux-là
>
> S'abattaient et broyaient pour m'obéir à moi.
>
> J'étais cheffe de bataille oh dieu ces haches-là
>
> Taillaient et retaillaient pour m'obéir à moi[5].

Bruits d'hôpital, son de machines, sonneries, cliquetis de chariots, auxquels se mêlent le son des tablas et des chants de qawwalî. « Diguedidiguedida da da da. Diguedidiguedida da da da. »

---

5. Texte de Charles Peguy extrait de *Ève*.

13. CABINET DE CONSULTATION DE L'ORTHOPHONISTE

L'ORTHOPHONISTE — Allez. Une toute dernière fois, Iris. On n'est vraiment pas loin. *(Il fait une vocalise sur le son A. Iris reproduit la vocalise.)* Super. Allez, les consonnes. MA.

IRIS — MA.

L'ORTHOPHONISTE — TA.

IRIS — TA.

L'ORTHOPHONISTE — PA.

IRIS — PA.

L'ORTHOPHONISTE — RA.

IRIS — RA.

L'ORTHOPHONISTE — MATA.

IRIS — MATA.

L'ORTHOPHONISTE — RAKA.

Iris — RAKA.

L'orthophoniste — TAPATATA.

Iris — TAPATATA.

L'orthophoniste — MATARAKATAPATA.

Iris — MATARAKATAPATA.

L'orthophoniste — TAKATAKI TITI.

Iris — TAKATAKI TITI.

L'orthophoniste — *Ta Katie t'a quitté tic tac tic tac.*

Iris — …

L'orthophoniste, *chantant* — *Ta Katie t'a quitté ?*

Iris — …

L'orthophoniste, *chantant* — *Où sont les femmes ? Avec leurs rires pleins de larmes ?*

Iris — …

L'orthophoniste, *chantant* — *Colchiques dans les prés ?*

Iris — …

L'orthophoniste, *chantant* — *Fleurissent, fleurissent ?*

Iris — …

L'orthophoniste, *chantant* — *Le lundi au soleil ?*

Iris — …

L'orthophoniste — J'en peux plus, Iris.

Iris — …

L'orthophoniste, *chantant* — *Ne la laisse pas tomber, elle est si fragile ?*

Iris — …

L'orthophoniste — Ce sont mes chansons qui ne vous plaisent pas, Iris ? *(Iris remet ses lunettes.)* C'est quoi votre problème, Iris ?

Iris — …

L'orthophoniste, *chantant* — *Et c'est ma mère, ou la vôtre, une sorcière comme les autres.*

Iris — …

L'orthophoniste — Vous ne voulez pas enlever vos lunettes ?

Iris — …

L'orthophoniste — Il n'y a pas de soleil ici.

Iris — …

L'orthophoniste — Je voudrais voir vos yeux. Iris?

Iris — ...

L'orthophoniste — Iris? *(Iris tend sa main ouverte vers l'orthophoniste.)* Vous me dites quoi, là, Iris?

Iris — ...

L'orthophoniste — OK, je suis un mec. OK, je suis un mec. OK, je suis un mec. *(Iris avance sa main.)* C'est moi. Rémi. L'orthophoniste. *(Iris pose sa paume ouverte sur l'orthophoniste, à la place du cœur.)* Qu'est-ce qui se passe, Iris? Vous êtes où, là, Iris? Qu'est-ce que vous faites, Iris? Qu'est-ce qui se passe?

Souffle du vent, gouttes de pluie qui tintent, hennissements de chevaux qui se mêlent aux bruits d'hôpital, bips et battements de cœur, cliquetis de chariots.

14. CABINET DE CONSULTATION DE ROSE SPILLERMAN

L'orthophoniste tient sa main sur son cœur.

L'ORTHOPHONISTE — Elle a tout ce qu'il faut pour parler. Aucune dysphonie. Elle reproduit parfaitement les sons, tous les sons, elle s'arrête dès qu'ils forment du sens.

ROSE — Vous lui avez chanté quoi?

L'ORTHOPHONISTE — *A wop bop a loo bop a lop bam boom* puis du qawwalî... *diguedidiguedida da da da*, jusque-là ça va, elle répète. Puis le répertoire français, chanson à texte, variété, chansonnette, du plus chargé au plus léger, tout. Et là, plus rien. Juste sa main.

ROSE — Sa main?

L'ORTHOPHONISTE — Elle l'a posée là.

ROSE — Sur le cœur?

L'ORTHOPHONISTE — Sur le cœur. Elle m'a touché là. Et j'ai senti.

ROSE — Quoi?

L'orthophoniste — Je ne sais pas comment dire.

Rose — Qu'est-ce que vous avez senti ?

L'orthophoniste — Une vibration. Très forte. Et puis.

Rose — Quoi ?

L'orthophoniste — Ça va vous paraître fou.

Rose — Rien ne me paraît fou, Rémi.

L'orthophoniste — Le temps. J'ai senti le temps. Les siècles. Je ne sais pas comment dire.

Rose — Comme ça.

L'orthophoniste — La vibration du temps. Jamais je n'ai senti ça, docteure. Une chose épaisse. Qu'est-ce qui se passe ici ? Ça me fait peur, docteure. Je viens pour dépanner, mais ces hommes en boucle à l'étage du dessous. Ces femmes qui n'arrêtent plus de parler, ces femmes qui n'arrêtent pas de se taire. Qu'est-ce qui se passe ici, docteure ? Je n'en peux plus des souffrances des femmes, des traumas des femmes, je suis au bout du scotch. Iris, c'est la cerise. C'est la goutte d'eau, Iris. Son silence qui me dévisage et puis sa main comme ça. Elle m'a touché. Comme ça. *(Il imite le geste d'Iris et pose sa main sur Rose, à la place du cœur. Rose lui donne aussitôt une grande claque.)*

Rose — Rémi.

L'orthophoniste — OK, je suis un mec. OK, je suis un mec. OK, je suis un mec. Je suis un homme aussi, docteure. J'en peux plus. Ça va s'arrêter quand ? J'en peux plus des femmes qui souffrent à cause des hommes.

Rose — Rémi, Rémi. Calmez-vous, Rémi. Il ne faut rien prendre personnellement. Jamais. Pas dans nos métiers.

L'orthophoniste — Je le sais mais j'en peux plus des hommes qui font souffrir des femmes.

Rose — Ne le prenez pas personnellement.

L'orthophoniste — Je le sais mais j'en peux plus des femmes.

Rose — Venez consulter.

L'orthophoniste — J'en peux plus des hommes.

Rose — Venez consulter, Rémi.

L'orthophoniste — J'en peux plus des femmes et des hommes. Des hommes, des femmes, j'en peux plus.

Rose — Restez. On va vous trouver un lit.

L'orthophoniste — Y en a plus.

Rose — L'armée nous en a fourni. Restez, Rémi.

L'orthophoniste — NON. J'en peux plus de l'armée. J'en peux plus de la guerre.

Rose — C'est pas la guerre. C'est l'hôpital, Rémi.

L'orthophoniste — SI. C'est la guerre. La guerre partout. La guerre pour tout. La guerre totale. La destruction.

Rose — Pas chez nous, Rémi, pas chez nous.

L'orthophoniste — Si, partout. Si, chez nous.

Rose — Vous êtes à l'abri, ici, Rémi. Calmez-vous.

L'orthophoniste — Armageddon. Là. Dedans. *(Il pose ses mains sur son ventre.)* Dedans nous, invisible. La bataille finale. Je connais vos plans, docteure, le microbiote — les XY vont disparaître.

Rose — Je travaille pour l'AP-HP, Rémi, pas pour les extraterrestres.

L'orthophoniste — Pourquoi vous parlez des extra-terrestres ?

Rose — J'en sais rien, Rémi. Je suis comme vous : épuisée. Vous mélangez tout. Il faut vous calmer.

L'orthophoniste — Pardon, docteure, pardon.

Rose — Professeure moi. Pas docteure. Je l'ai pété, le plafond de verre, moi.

L'orthophoniste — Le plafond de quoi ? Pardon, docteure, pardon. Je mélange tout, c'est vrai, je mélange tout, je mélange tout, parce que TOUT EST MÉLANGÉ, c'est vous qui l'avez dit.

Rose — J'ai dit RELIÉ, Rémi. Relié. Pas mélangé.

L'orthophoniste — Je suis barbouillé. J'ai la nausée.

Rose — Qu'est-ce que vous avez mangé ?

L'orthophoniste — DE LA MERDE. J'ai mangé à la cafèt'.

Rose — Tenez. Prenez ça. *(Elle sort un cachet de sa poche.)* Citrate de bétaïne. Pour digérer. Calmez-vous. On manque de lits, c'est tout. C'est pas la guerre. C'est pas l'armée. C'est l'hôpital, Rémi. Les lits de camp c'est pour dépanner, juste pour dépanner.

L'orthophoniste — J'en peux plus de dépanner. J'veux pas camper. J'veux pas camper avec les XY. J'veux pas camper avec les hommes. J'veux pas l'armée. J'veux pas les hommes.

Rose — Dormez ici, Rémi. Dormez dans le cabinet de Sido, Rémi.

L'orthophoniste — Et Iris ? Iris ? Pourquoi Iris ? Pourquoi elle ne veut pas me parler ?

Rose — Ne le prenez pas pour vous, Rémi. Elle va parler.

Entre Marguerite en blouse, avec un lit de camp militaire.

Marguerite — Venez, Rémi. Je vais vous installer.

Bruits d'hôpital, son de machines, cliquetis de chariots, auxquels se mêlent des cris de détresse, des cliquetis d'armes, des bruits de guerre.

L'orthophoniste — Vous entendez ? Vous entendez ?

Rose — Quoi ? Qu'est-ce que vous entendez ?

Marguerite — C'est dans votre tête, Rémi.

L'orthophoniste — OK. Laissez-moi. Laissez-moi seul. J'ai besoin d'un break, là. Un vrai break. La paix. On peut faire un break, là ? Un vrai break.

Rose — On peut, Rémi. On fait un break. (*À Marguerite et Iris.*) Un vrai break.

L'orthophoniste/L'acteur — Laissez-moi seul. Avec les gens, là. (*Il montre les spectateurs.*)

Bruits d'hôpital, son de machines, cliquetis de chariots, auxquels se mêlent des cris de détresse, des cliquetis d'armes, des bruits de guerre.
L'acteur qui joue tous les rôles d'hommes reste seul en avant-scène.

L'acteur — J'ai accepté ce rôle : l'homme qui joue tous les hommes. Plus précisément : le rôle de l'acteur qui joue tous les rôles d'hommes. J'ai accepté. Plein de rôles à jouer, explorer différents registres de la masculinité. Un *work in progress*. Explorer le large, le très large spectre du mec. Le mec cosmique. Le mec cosmogonique. Du mec très mec au mec pas mec du tout, en passant par le mec un peu mec et le mec très très mec mais tellement que c'en est gênant, mec. Sans parler du mec qui ne se sent pas mec ou du mec qui se sent mec par intermittence. Du mec qui clignote. Qui clignote dans la nuit. Mec, pas mec. Mec, pas mec. Ou du mec qui s'en fout d'être mec, qui n'a même pas remarqué qu'il est mec. Et qui s'en fout, mec. Qui dit, hey mec. Je m'en fous, mec. Je m'en fous d'être mec, mec. Parce qu'on en est là. AH. Oui, on en est là. AH. Toute la gamme. Explorer toute la gamme. Et puis tu vas chanter, danser, jouer de la musique sur scène, avec des femmes, que des femmes. Mon rêve, quoi. C'est pour ça que j'ai accepté. C'est vrai. Totalement vrai ce que je dis. Mais ça a beau être vrai, véridique, vérifiable, ce n'est pas moi qui le dis, mec. Je veux dire, je le dis, mais là. *(Il ouvre grand la bouche.)* AH. AH. AH. Là! Là! Mec! Les mots qui sont dans ma bouche là, ce n'est pas moi qui les ai écrits. AH. On me les a mis dans la bouche, mec. Là! Là! Vous comprenez, ce n'est pas moi qui parle quand c'est moi qui parle. C'est une femme qui a mis ces mots dans ma bouche. C'est le monde d'après qui parle, le monde d'après tout, d'après tout tout, le monde d'après tout pourquoi pas. Le monde du pourquoi pas au point où on en est. Dans ce monde-là il y a des femmes qui fourrent des mots dans la bouche des hommes, et des hommes qui acceptent, mec, j'te l'dis, mec, qui acceptent avec joie que des femmes leur fourrent des mots dans la bouche, mec.

Ô

Ô

Ô

Ô femme

Ô Créature

Ô Ève Ô Lilith Ô ma sœur

Ô maman

Ô tristesse à mon flan

Ô blessure à mon cœur

Et j'ai accepté, mec. Le contrat était réglo, il y avait même une période d'essai, j'aurais pu me rétracter au bout de dix jours, me rétracter comme un pauvre petit pénis dans l'eau glacée, mais j'ai signé. J'ai eu un doute le septième jour. J'ai eu très peur le septième jour. Peur de je ne sais quoi, peur d'une très vieille peur, une peur pleine de sueur rance et de plis intérieurs, une peur qui pue, une peur qui fait mal, qui fait honte, une peur viscérale, une peur ancestrale, une peur salissante. Mais c'est trop tard, je me dis, je ne peux pas me défiler, MERDE, MEC ! Il faut que j'assume. J'ai signé, mec. J'assume, mec. Même ça, ce n'est pas moi qui le dis. J'assume. Quand je vous dis que j'assume, ce n'est même pas moi qui le dis, c'est elle qui m'a mis ça dans la bouche. J'assume. Assumer. Prendre ses responsabilités. Se position-ner. En tant qu'homme, mec. Ô Dieu ! Ô Dieu ! Ô Mec ! Ô Papa ! Il faut que je m'accouche de l'homme nouveau en moi. AH. Il faut que je m'accouche. Elle me fait dire ça : il faut que je m'accouche. AH. AH. J'en ai gros sur la patate, mec. AH. Elle est là. Là, la patate. *(Il met la main sur son cœur.)* La pièce a failli s'appeler comme ça : SUR LA PATATE. Mais l'autrice a eu peur, elle aussi est pleine de peurs, pleine de peurs nouvelles, elle tremble, elle se cache dans la salle.

L'autrice — Je n'ai pas peur.

L'ACTEUR — Ah ! tu es là ?

L'AUTRICE — Je ne me cache pas.

L'ACTEUR — Je n'étais pas sûr que tu sois là aujourd'hui.

L'AUTRICE — Je suis là tous les jours.

L'ACTEUR — C'est vrai.

L'AUTRICE — À chaque représentation.

L'ACTEUR — Il pourrait y avoir une exception.

L'AUTRICE — Tu sais bien que non.

L'ACTEUR — Pourquoi pas ?

L'AUTRICE — Parce que c'est écrit.

L'ACTEUR — Il pourrait y avoir une exception.

L'AUTRICE — C'est écrit, l'exception.

L'ACTEUR — Je pourrais improviser, un jour.

L'AUTRICE — C'est écrit, l'improvisation.

L'ACTEUR — Je pourrais changer le texte. Changer de pièce. Dire n'importe quoi. Partir à la guerre, me faire soldat, écrire des poèmes, des poèmes épiques, les mettre en musique. *Mères, voici vos fils qui se sont tant battus...* Avoir des dilemmes, des dilemmes moraux, avec des fils et des pères, soutenir ou trahir mes frères, comme dans les pièces d'antan.

L'AUTRICE — C'est vrai que j'ai écrit ça aussi.

L'ACTEUR — Non, c'est moi.

L'AUTRICE — C'est moi.

L'ACTEUR — Moi.

L'AUTRICE — Tu sais très bien que c'est moi.

L'ACTEUR — C'est moi qui dis ce que je dis là.

L'AUTRICE — Mais c'est moi qui l'écris. C'est moi qui touche les droits.

L'ACTEUR — Ça c'est bas, ça. Ça c'est très bas.

L'AUTRICE — C'est concret.

L'ACTEUR — J'ai plus de mots, là. J'ai plus de mots.

L'AUTRICE — OK. Je t'écris une danse, alors. Alors tu vas danser.

L'ACTEUR — Je suis totalement instrumentalisé.

Danse du mec totalement instrumentalisé.

Les actrices, chanté :
>   *C'est la danse danse danse du mec*
>   *Danse danse danse du mec*

Il danse danse danse le mec

Danse danse danse le mec   X 2

Chant solo, sur la rythmique qui continue, jusqu'à la fin de la danse :

Délié, ô délié...

Délié, ô délié...

Délié, ô délié...

Délié, ô délié...

Fin de la danse.

L'autrice — Comment tu te sens maintenant ?

L'acteur — J'ai un point de côté, là. *(Il met la main sur ses côtes du côté gauche.)* Je vais peut-être mourir... Et pourquoi elle ne parle pas, Iris ? On se croirait au siècle dernier. Je suis là, je n'arrête pas de parler, de chanter, de danser, de m'agiter, plein de rôles à jouer, et elle, elle me regarde avec ses siècles de silence, elle se tait. On se croirait au siècle dernier. Pourquoi elle ne parle pas ?

L'actrice qui joue Iris — Parce que je suis une énigme.

L'acteur — Merde. Il faut que tu parles, Iris.

Marguerite — Il faut que tu parles, Iris.

Rose — Il faut que tu parles, Iris.

15. HÔPITAL

Salle d'imagerie médicale.

Pendant le dialogue qui suit, Mario pose des électrodes sur le crâne d'Iris. Puis il branche les électrodes à un amplificateur. Puis il branche à l'amplificateur un synthétiseur. Marguerite l'observe et l'assiste.

ROSE — Électrochocs. Le mot fait peur mais la chose est inoffensive. Sismothérapie musicale. Nouveau protocole expérimental. Jusqu'ici on pratiquait sous anesthésie générale avec une injection de curare pour éviter le tremblement des muscles. La mélodie et la fréquence permettent d'éviter tout ce bazar. C'est proprement révolutionnaire. Jeff Adams Bruce Topper a mis ça au point à Stanford. Jeff Adams Bruce Topper, ça vous dit quelque chose ?

MARGUERITE — Non.

ROSE — Guitariste transgenre du groupe californien The Soul Dealer. The Soul Dealer, ça vous dit quelque chose ?

MARGUERITE — Rien.

ROSE — Jeff Adams Bruce Topper a fait un tube planétaire dans les années quatre-vingt-dix, *Unfuck My Brain*, avant de se reconvertir dans la recherche. *Unfuck My Brain*, ça vous dit quelque chose ?

MARGUERITE — …

ROSE — OK. *Unfuck My Brain* lui a permis de financer ses recherches et son propre labo. La mélodie sonne basique, mais la fréquence utilisée produit l'effet anesthésiant. Nous l'avons testé déjà sur trois patients. C'est proprement sidérant. Aucune douleur, au contraire, même une sensation de bien-être jusque dans les synapses. Mario, vous êtes prêt ?

MARIO — Tout à fait.

Mario lance la musique. Mélodie électro synthétique qui rappelle les sons des machines de l'hôpital[6]. Iris est rythmiquement agitée, mais ne semble pas souffrir. Elle finit par sortir un son mélodieux.

IRIS — Aaaaaaaaaaaaah, aaah aaaah, ah ah, aaah aaah, aaaaaaah, aaaaaah, aaaah, aaaah.

ROSE — Très bien, Iris. Très bien. Tu te sens comment ?

IRIS — Aaaaaaaaaaaaah, aaah aaaah, ah ah, aaah aaah, aaaaaaah, aaaaaah, aaaah, aaaah.

---

6. Inspirée de l'introduction de *Planet Claire* du groupe B52's.

Rose — Formidable, Iris. Formidable.

Iris — Aaaaaaaaaaaah, aaah aaaah, ah ah, aaah aaah, aaaaaaah, aaaaaah, aaaah, aaaah. Là.

Rose — Là.

Iris — Là.

Rose — Où ?

Iris — Là.

Rose — Quelque chose s'est ouvert. Arrêtez la musique, laissez les électrodes. Suis mon doigt, Iris. Suis mon doigt. Tu m'entends, Iris ?

Iris — Là. Là.

Rose — Je suis là.

Iris — Je suis là.

Rose — Tu es là. Parle. Parle, Iris. Je suis là.

Iris — Elle est là.

Rose — Elle est là. Qui est là ?

Iris — Dans la grotte.

Rose — Qui est là dans la grotte ?

Iris — La main là dans la grotte.

Rose — La main là dans la grotte. À qui elle est, cette main ?

Iris — Petite. Toute petite.

Rose — Toute petite. C'est ta main ? Toute petite ?

Iris — À elle. Sa main. À elle. Sur la paroi. Sur sa main. Là. Je pose ma main. *(Silence.)* Je touche sa main. *(Silence.)*

Rose — Parle, Iris. Parle, Iris. Qu'est-ce qui se passe ?

Iris — La beauté.

Rose — La beauté ?

Iris — Ça fait mal.

Rose — Qu'est-ce qui fait mal ?

Iris — La beauté.

Rose — C'est la beauté qui fait mal ? Qu'est-ce qui se passe dans la grotte, Iris ? Qu'est-ce qui se passe avec la beauté ?

Iris — Elle est là.

Rose — Qui ?

Iris — Une femme. *(Elle tend sa main devant elle.)* Sssssa.

Rose — Une femme.

Iris, *tend sa main devant elle* — Sssssa. C'est plus fort qu'elle.

Rose — Qu'est-ce qui est plus fort qu'elle ?

Iris — Elle trace.

Rose — Elle trace.

Iris — La trace. Le trait. La main. Elle peint.

Rose — Elle peint.

Iris — La main sait. Sait le trait. La main trace. Trace le trait. Par cœur. Le mouvement par cœur. Tracer le monde. Par cœur. Elle trace le monde par cœur. C'est plus fort qu'elle. La vie. Saisir la vie. S'enfoncer dans la nuit, sous la terre, avec la flamme, la vie, la petite flamme, la petite vie qui tremble. C'est plus fort qu'elle. Il faut. Elle doit. Tracer le monde. La vie. Dans les creux. Dans les plis. Tracer la vie sous terre. Dans le silence. La tracer là, dans la nuit. Les parois dansent. L'auroch et l'ocre. Noir le bison. Noir le mammouth. Rouge le cheval au galop rouge. La crinière noire. Galope sur les parois. Elle peint. Elle peint. Des signes. Elle pose. Sa main. Sa main signe. La trace. Elle signe. Sa main. Sa main vers moi. *(Silence.)*

Rose — Qu'est-ce qui se passe ?

Iris — Sur la paroi. Sur sa main. Je pose ma main, je sens.

Rose — Qu'est-ce que tu sens ?

Iris — Une chose épaisse. Le temps. Les siècles. Une vibration. La vibration du temps. Je vois.

Rose — Qu'est-ce que tu vois ?

Iris — Les femmes. Ensevelies. Dans le silence. Toutes les femmes. Ensevelies. Vite. Vite. Vite. Il faut sortir. Vite. Vite. Sauve-toi ! Sauve-toi !

Rose — Qu'est-ce qui se passe ?

Iris — Elle va s'éteindre. Vite. Vite. La petite flamme. Elle va s'éteindre. Vite. Vite. SAUVE-TOI ! SAUVE-TOI ! SAUVE-TOI ! *(Elle éclate en sanglots.)* Elle est morte là. Elle est morte. Elle est morte là. Dans la nuit. Dans la grotte.

Rose — Je suis là, Iris.

Iris — Je l'ai vue.

Rose — Vous l'avez vue ?

Marguerite — Elle s'est endormie.

Rose — Changez de fréquence, Mario. Passez en mode sommeil.

L'hôpital plonge dans la pénombre, traversée des clignotements lumineux de tous les appareils électroniques et d'une vibration tellurique.

Mario — Merde.

Rose — Qu'est-ce qui se passe ?

Marguerite — Qu'est-ce qui se passe ?

Rose — Vous avez touché à quelque chose, Mario?

Mario — J'ai juste tripoté le câble.

Sur l'écran de la salle d'imagerie apparaissent des images d'une grande beauté.

Rose — Regardez.

Mario — C'est dingue.

Marguerite — C'est dingue.

Mario — On voit son rêve.

Iris — Je ne dors pas.

Marguerite — Ce n'est pas un rêve.

Rose — Qu'est-ce que c'est, Iris?

Iris — C'est ce que je vois.

Rose — Des années qu'on cherche ça, Mario! Regardez!

Mario — Qu'est-ce que c'est?

Marguerite — Des poussières.

Mario — De la pluie.

Rose — Du temps.

Sons d'hôpital auxquels se mêlent la pluie, le vent, des chants d'animaux et des chants humains.

ÉPILOGUE

Bureau de Rose.

Rose tient à la main une carte postale sur laquelle est peinte une main négative. Entre Marguerite. Elle porte une blouse blanche et tient un dossier médical qu'elle pose sur le bureau de Rose.

MARGUERITE — Le microbiote de M. Gouillard. Résultats d'analyse.

ROSE — Merci. Votre sœur m'a envoyé une invitation. Dites-lui que je serai là pour le vernissage.

MARGUERITE — Ça va la toucher.

ROSE — C'est une galerie en vue, je suis très impressionnée.

MARGUERITE — Je sais. Une autre victoire, docteure : Kader a tranché.

ROSE — AH ! Alors ?

MARGUERITE — Il vient de décider qu'une porte n'était pas sexuée, la courtoisie non plus.

Rose — Génial !

Marguerite — Une femme, un homme, il tient la porte *anyway.*

Rose — *Yes !* Ça a pris le temps mais on y est arrivés !

Mario entre avec un masque sur le visage.

Mario — Mmmmmmmmm mmmm mmmm mmguerite ?

Rose — Je ne comprends pas ce que vous dites, Mario.

Marguerite — Il vient me chercher pour la chorale.

Mario, *enlève son masque* — C'est ça. Oui, pardon. Je le mets pour le nouveau patient.

Rose — Lequel ?

Mario, *imitant quelqu'un* — *Toi tu la fermes ta gueule toi tu la fermes.* Il n'y a que le masque pour le calmer.

Rose — C'est aux femmes qu'il dit de la fermer et vous n'êtes pas une femme, Mario.

Mario — Il a pris Kader pour une femme. Il voit des femmes partout. Franchement j'suis pas rassuré.

Rose — Je comprends.

Mario — Plus d'un millier de cas recensés aux États-Unis, ça fait peur. Le même symptôme : *you shut your fucking mouth up you shut it up.*

Rose — OK. On reste calme, on est en France, on bosse et on avance.

Marguerite — French Gut *forever*.

Mario — *Yes*! La bactérie! On tient le bon bout, docteure.

Rose — Cocorico, putain.

Mario et Marguerite — Cocorico, docteure.

Mario et Marguerite sortent. On entend leur chant. Rose lit le dos de la carte postale :

Voix d'Iris — Chère professeure Spillerman,

Je ne sais pas si c'est moi, une autre ou tant d'autres qui à travers moi se manifestent quand je peins, puisque ce monde me traverse et que je suis faite ainsi, de toutes les impressions reçues depuis et avant ma naissance. Mais peu importe, au fond, puisque tout est résonance et que les choses dialoguent entre elles quand je suis au travail. Je sais qu'elles résonnent aussi en vous, qui m'avez écoutée et entendue jusque dans le silence.

Mon premier tableau est pour vous, avec cœur et amitié, Iris.

L'AUTRICE

Autrice, metteuse en scène et directrice artistique de la Cie Théâtre du Baldaquin, ses créations sont soutenues par des scènes d'envergure nationales en France et à l'étranger. De la page au plateau, son écriture explore en toute liberté formes et formats divers. Elle collabore régulièrement avec des musiciens et des chorégraphes, dont Jean-Marc Hoolbecq, avec qui elle crée *Must Go On*, pièce à danser, à Montréal. Son travail est repéré autant par le Royal Court Theatre de Londres que La Comédie-Française, qui lui passe commande d'une pièce courte et sélectionne son texte *À l'ouest* (prix de la fondation Barrière 2011) pour les lectures du Vieux-Colombier. Ses textes sont traduits en de nombreuses langues. En 2021, à l'invitation du Théâtre National de Gênes-Italie, elle écrit et met en scène *IN SITU, rêverie du siècle 21*, et représente la France dans le cadre du projet G8 culturel. Boursière du Centre national du livre, elle réside régulièrement à La Chartreuse, Centre national des écritures du spectacle. Nommée chevalière des Arts et Lettres en 2016, elle est l'autrice, entre autres, d'une quinzaine de textes pour le théâtre et d'un livret joué à l'amphithéâtre de l'opéra Bastille.

Site : nathaliefillion.fr

AUX ÉDITIONS QUATRIÈME MUR

N° 1   *Je m'appelle Erik Satie comme tout le monde*, Laetitia Gonzalbes

N° 2   *Sur le cœur*, Nathalie Fillion

N° 3   *Chawa, pièce de ma mémoire*, Maud Landau

N° 4   *Porn for the Blind*, Victorien Robert

 Imprimé à la demande par Books on Demand GmbH, Bad Hersfeld, Allemagne

1re édition, dépôt légal : juin 2024
N° d'édition : 202402
ISBN : 978-2-487668-01-0